DE L'EFFET MORAL

DE LA LOI

SUR

LA RÉVISION DES LISTES.

La Chambre élective se laisse-t-elle égarer, soit par l'erreur si naturelle à la race humaine, soit par la passion si commune dans les assemblées? qu'importe !

La Chambre haute est là, et comme ses destins sont rendus à leur terme, sont tenus hors de ligne, elle est juste; comme la sagesse, la constance, la loyauté, lui ont valu l'ascendant moral, elle est forte. (*La Pairie*, août 1827.)

PARIS,

A. PIHAN DELAFOREST,

IMPRIMEUR DE MONSIEUR LE DAUPHIN ET DE LA COUR DE CASSATION,

Rue des Noyers, No 37.

1828.

Donnez de la liberté à grands flots : tout le monde en veut, l'absolutiste plus encore que l'anarchiste ; attendu qu'en l'état actuel des choses, il ne prétend exercer que la puissance de la conviction, au lieu que ce dernier s'ouvre de nouveau à l'espérance, et se promet d'employer les moyens de contrainte.

Seulement, réglez la liberté, en juste proportion de la capacité des légataires ; car la part allouée à celui qui n'en saurait faire usage, serait saisie par quelque autre, serait retournée contre lui-même.

C'est-à-dire, qu'il n'y ait ni licence, ni faction, ni monopole !

De même, gardez de l'autorité en large mesure : aux sens de l'homme, l'autorité a bien autant d'appas que la liberté ; ou plutôt, la liberté est trop souvent sollicitée par des conspirateurs qui tendent à usurper, à son aide, l'autorité : tandis que l'autorité, dont le besoin est sensible, de quelque bord qu'elle vienne, se voit accueillie par la masse nationale.

De même aussi, réglez l'autorité : car la règle, entendue d'avance, appliquée à propos, est à la fois utile et douce à subir.

C'est-à-dire, qu'il n'y ait pas d'arbitraire.

La tâche est facile.

En tout, liberté réelle, ou concurrence effective et rivalité constante ;

Partout, autorité formelle, ou surveillance active et pénalité rigide.

D'abord, quant aux élections ;

Le jugement des titres, par ses pairs, en tribunal d'arrondissement, avec appel en cour de département, sous la présidence des autorités ;

Et le scrutin par devant les délégués de ces conseils, sous la direction d'un président, au moyen d'un registre ouvert pendant une semaine ;

Afin que la liberté des élections ne soit plus entravée

par l'administration, et que la volonté des électeurs ne soit plus entraînée par une faction.

Puis, à l'égard de la presse périodique;

Liberté de publication, abolition de toutes charges, et usage de la suspension;

Afin que le monopole cesse, et que le journalisme n'égare plus l'opinion, n'asservisse plus le gouvernement.

Enfin, au sujet de l'instruction publique;

Abrogation du privilège de l'Université, sauf pour les facultés, et établissement d'un mode commun d'examen;

Afin que l'éducation puisse être confiée, suivant la volonté des parens, même aux docteurs de la loi musulmane, ou aux pères de la foi chrétienne.

C'est la charte en action.

C'est l'acte d'alliance de l'autorité et de la liberté; par lequel celle-ci, loyalement émancipée, devient plus calme, et celle-là, légalement tutrice, devient plus forte.

C'est le système de l'Angleterre, où la liberté est de droit, fait la règle; où l'autorité est de convention, agit d'après des exceptions dûment motivées, littéralement prescrites.

Autrement, l'opinion, gênée et contrainte en son cours naturel, tantôt s'échappe par les conduits furtifs de la licence, tantôt se précipite en une factieuse irruption, tantôt se corrompt sous les canaux du monopole.

Et le gouvernement, harcelé sans relâche, menacé sous l'ombre, inquiet plus que de raison peut-être, est dévoué à opposer la fraude à la fraude, à se retrancher derrière l'arbitraire.

Ainsi, les lois ne sont plus tramées qu'en façon de rets, souvent même de pièges; et comme l'esprit s'ingénie en proportion, s'esquive à l'occasion, d'année en année, il faut reprendre le tissu, resserrer les mailles.

Il n'y a moyen d'en finir : cinq ou six lois sur les élections, autant sur la presse, ont compliqué le nœud, au lieu de le débrouiller, et deviennent de plus en plus pénibles à inventer, difficiles à appliquer.

« En Belgique, en Bavière, dans le Wurtemberg,
l'ordre et la paix règnent, parce que la révolution, non indigène en ces pays, y fut importée,
imposée ; et ne s'y était ingérée que dans la forme
des lois, sans avoir percé jusqu'au sein des intérêts et des passions.

« Mais quand le mécanisme social, ayant été
complètement détruit, vient à être rétabli sous un
mode mitoyen, comme de bord et d'autre, il y a
du mécontentement, des oscillations successives
et alternatives doivent avoir lieu.

« Les graves changemens qui ont déja été
opérés, ouvrent un vaste champ aux espérances
de tous les partis ; et chaque parti, depuis long-
temps en état de haine et de défiance, restant isolé
du parti adverse, ignore ses desseins et ses moyens ;
restant confiné en lui-même, ignore les sentimens
de la masse neutre.

« Alors se développe la prédisposition trop naturelle à notre esprit, de prêter un corps à ses
vaines idées, de les revêtir du caractère de la
réalité : et par un étrange quiproquo, qui a déja
porté tant de mécomptes, qui causera encore tant
de désastres, l'homme ne distingue plus entre sa
volonté et sa puissance.

« Le parti qui tient le pouvoir, en use, en abuse, avec une sécurité d'autant plus aveugle que ses maximes sont plus honorables, car on n'apprend qu'à la suite des revers réitérés, que les principes moraux, pour assurer leur triomphe, sont astreints à respecter les forces matérielles.

« Ainsi en 1816, les royalistes, marchant plus vite que le Roi, et en 1820, les libéraux, devançant le cours du siècle, amenèrent une révolution oscillatoire dans le sens opposé : laquelle en ces deux occasions, fut imprimée du haut du trône, fut appuyée par la masse neutre dont la force d'inertie tend toujours à amortir les mouvemens trop impétueux.

« En 1827, le même phénomène se montre de nouveau.

« Et c'est sous un aspect plus menaçant, après que le ministre s'est obstiné à gouverner à contre-sens du cours des esprits ; sans vouloir entendre qu'on soulève l'homme contre ses intérêts même, en contrariant sans cesse ses idées, et qu'on l'assouplît, même à l'égard de ses intérêts, en flattant, en menageant ses idées ;

« Après que le ministre en attaquant sans cesse les libertés publiques, en abusant sans cesse de la prérogative royale, est parvenu à séparer, au moins d'esprit si ce n'est de cœur, les peuples, de leur Roi.

« Or croit-on que les sujets aliénés, assez nombreux pour composer une nation, assez voisins
pour constituer une nation , se laissent réduire à
l'état d'une masse inerte et informe, se laissent
retomber au niveau des hordes sauvages ?

« Non : des habitudes ont été prises dans les
mauvais temps ; les relations se multiplient de
jour en jour. Il va se recréer comme une sorte
d'être social, lequel, à défaut du chef qui lui a
été enlevé, n'aspire qu'à se former une tête nouvelle qui l'organise, qui le dirige.

« La loi est irrévocable : tel nombre d'hommes, s'il est mécontent du gouvernement, devient un parti et se donne des guides dont il en-
tend se servir pour ses desseins, des maîtres plutôt qui entendent s'en servir à leur profit.

« Et quand ce nombre d'hommes indéfiniment
augmenté, vient à se confondre avec la presque
totalité des peuples, alors c'est la nation qui devient un parti; c'est la même nation, seulement
sous un autre chef.

« Nous en sommes là : et nous n'en resterons
pas là, attendu qu'il y a dans cette nation méta-
morphosée pour ainsi dire, une vive tendance au
mouvement, une extrême force de ralliement, une
obéissance servile au commandement.

« C'est une nation libérale qu'a faite le ministre, au lieu de faire ou de laisser faire, ou plutôt

de laisser, car elle existait en 1824, une nation royaliste. » (*La Nouvelle Chambre*, décembre 1827.)

Tel était l'état des choses, dont les périls devaient cependant être bravés, afin de se délivrer du ministre qui leur donna naissance, qui les entretenait sans cesse.

Tel est l'état des choses, dont les périls doivent être repoussés maintenant, après que l'ennemi commun vient enfin de disparaître de la scène.

De prime abord, une remarque capitale est à faire.

De 1820 à 1827, le mouvement de l'oscillation royaliste s'est montré plus modéré, plus retenu, que de 1815 à 1816; et au contraire, dans les premiers mois de 1828, le cours de la réaction libérale menace de franchir le terme, à peine atteint en quatre années, de 1816 à 1820.

C'est que d'un bord, les esprits éclairés par une expérience coûteuse, tremblaient de compromettre des espérances légitimes et surtout d'exposer le sceptre vénéré ; tandis que de l'autre, des têtes aigries à la suite des revers, se hâtent de saisir l'occasion et tentent de ravir le triomphe, aux risques de s'ensevelir sous les débris de l'ordre social.

L'image naïve en est rendue dans le jugement de Salomon.

Qu'on écoute seulement ; car l'emportement, l'enivrement, sont montés à un tel point, que la parole indiscrète dévoile l'intime pensée, et donne au public, en quelques séances, le programme d'une révolution radicale.

Certes 1820 a déja pâli en face de 1828 ; et les temps renaissent où les orateurs les plus distingués de la chambre haute, tonnaient en ces termes à l'une et à l'autre tribunes. (*Annuaire Historique*, 1820.)

« L'autre parti est peu nombreux, et ses vœux sont peu contagieux de leur nature ; tandis que ceux qui rêvent la république ou l'usurpation, c'est-à-dire, des grades, des honneurs, nous exposent à des révolutions nouvelles. » (*Ministre des affaires étrangères.*)

« Le rapporteur de la commission expose le danger de voir la chambre des Députés envahie par des factieux, devenue souveraine et parce qu'on ne pourrait plus la dissoudre, exerçant elle - même le pouvoir de dissoudre la monarchie.

« Le commissaire du gouvernement revient sur les progrès de l'esprit démocratique, sur les dangers des doctrines nouvelles qui plaçaient toute la représentation nationale dans la chambre des Députés.

« Malgré ce qu'on a témoigné d'égards pour

*

j'aristocratie constitutionnelle , une fois la révolution en marche, la chambre des Pairs ne serait pas respectée par ceux qui ont pour dogme la souveraineté du peuple.» (*Rapporteur de la chambre des Pairs.*)

En résumé :

Ceux qui rêvent des grades, des honneurs , nous exposent à des révolutions nouvelles.

Des doctrines dangereuses placent toute la représentation nationale dans la chambre des Députés.

Devant le dogme de la souveraineté du peuple, la chambre des Pairs ne serait pas respectée.

Une chambre qu'on ne pourrait plus dissoudre exercerait le pouvoir de dissoudre la monarchie.

Ainsi parlaient toutes les bouches, en ces temps; et de nos jours , toutes les consciences parlent de même.

L'épouvante circule de toute part , est répercutée de l'un à l'autre bord : sauf quelques cerveaux brûlés, quelques cœurs dépravés, ce sentiment domine au for intérieur; et s'il ne s'épanche pas en dehors, c'est qu'ici le repentir honteux se refuse à faire l'aveu des fautes qui ont amené cette réaction terrible; c'est qu'ailleurs le vaniteux entêtement empêche de reconnaître , de réparer l'erreur qui donna une trop vive impulsion.

De plus, il y a cette différence ; que de 1816 à 1820 , le cours progressif de l'usurpation révolutionnaire avait peu à peu, jour par jour, éloigné de la ligne suivie, tels et tels individus qui s'étaient rapprochés, s'étaient comptés et prenaient repos en leur nombre, en leur force.

Au lieu qu'en 18e8, la révolution radicale a éclaté comme la foudre : et d'une part, le temps n'a pas été laissé pour se rallier et combiner des moyens suffisans de résistance ; de l'autre, puisqu'il faut le dire, dans l'incertitude du résultat final, on craint de s'exposer vainement ; on préfère de se tenir prêt à toute occurrence.

Aussi , la conduite est diamétralement opposée.

1820 a vu l'abolition du système électoral, l'accroissement du nombre des députés, la création du double vote ; mesures diverses, dont la dernière au moins portait l'immense inconvénient de s'écarter de la charte et d'exciter les défiances, semant ainsi dans les esprits, le premier germe d'une disposition réactive.

Mais qu'est-ce que voit 1828 ?

Une loi qui semble accordée aux exigences du parti , dont le vote l'a consacré ; qui semble combinée en haine et au détriment du parti dont les boules l'ont rejeté ;

Une loi qui protège les intrigues d'une faction

puissante, qui proscrit l'intervention du gouvernement tutélaire ;

Une loi qui fabrique des armes de toute sorte, destinées à être saisies par les uns, tournées contre les autres ;

Une loi enfin qui fonde à perpétuité, une fonction de nature éphémère, qui érige au cœur même de l'État, un pouvoir prêt à se lever au moment d'une crise, et certain de renverser tous les pouvoirs anciens.

Et cela se fait, après que les élections générales, les dernières élections surtout, ont démontré que la loi actuelle était déja vaine contre l'esprit de parti, ont présenté un résultat incomparablement plus décisif qu'en 1820.

Cela se fait, alors que l'irritation suscitée par le fatal ministre, s'est propagée de classe en classe, s'est implantée de contrée en contrée; alors que la désaffection, pour employer le mot le plus faible, inspirée par l'odieux ministre, n'a pas manqué de rejaillir des marches du trône, jusqu'au trône même.

Des coups d'état sans cause, sans suite, sans terme, qui, à la fois annoncent et avancent la chute :

Le licenciement de la garde nationale, après les plus grands éloges officiels. (*Etoile,* 30 avril.)

Le rétablissement de la censure, à la veille des élections générales.

L'expulsion d'une majorité servile, et l'altération de la chambre haute :

Puis une hésitation prolongée, avant de se soumettre à la force des choses ;

Puis, une conspiration flagrante, afin de se ressaisir du pouvoir ;

Enfin une absolution au moins tacite, par le fait de l'impunité :

Et de là, des craintes à chaque instant réveillées, qui se tournent en soupçons, contre les successeurs ;

De là, des espérances de plus en plus animées, qui se refusent à l'alliance, avec les rivaux.

En un tel état de choses, où les chances propices sont en si faible proportion, le résultat sera peut-être à déplorer, sans que la conduite soit à blâmer.

La politique a ses secrets : il lui faut rappeler à la foi, ceux-ci, et mettre en tort ceux-là ; il lui faut se faire une armée, au sein de ces rangs éparpillés, exaspérés. Et cela ne s'opère point, par l'art des brusqueries.

A l'égard de la loi sur la révision des listes, les motifs ont été franchement avoués.

« Dans les dernières élections, des inconvéniens graves ont été signalés à l'opinion publique, et révélés à la sollicitude du gouvernement. Les débats qui ont marqué l'ouverture de cette session, ont achevé de l'éclairer sur le besoin pressant d'en prévenir le retour. » (1ᵉʳ *Exposé des motifs.*)

« Plusieurs élections ont fait à la chambre des Députés, la matière des plus fâcheuses contro-verses : le gouvernement a pensé qu'il était de son devoir d'en prévenir le retour.... Le projet tend à mettre les élections à l'abri des dénonciations, et à éviter enfin le retour des tristes et pénibles débats qui ont marqué l'ouverture de la session. » (2ᵉ *Exposé des motifs.*)

Le ministère est hors de cause : la déférence lui imposait ses lois; peut-être même la nécessité parlait, autant qu'on peut en juger par le nombre et le poids des boules blanches.

Mais que dire de la Chambre, ou du moins des trois cinquièmes de la majorité, dont l'opinion est foncièrement monarchique.

Serait-ce donc qu'en tournant dans un cercle vicieux, le projet présenté par le cabinet, comme étant agréable à la Chambre, aurait été accepté par la Chambre, comme étant convenable suivant le cabinet?

Serait-ce que les mêmes bancs qui naguères ont prétendu dicter à la couronne, le choix de ses con-seillers, au moyen du scrutin de la présidence, maintenant se soumettraient respectueusement devant l'œuvre dont le seul titre est d'émaner du ministère.

Non sans doute : car dans cette majorité aussi hétérogène qu'il se puisse, des considérations diverses, ont entraîné vers une commune fin.

Ici, c'était l'extrême gauche, qui faisait son métier, et travaillait ouvertement, à désorganiser l'ordre social, dans la vue perfide, avec l'espérance trompeuse, de le réorganiser à son profit et à demeure.

Là, c'était le centre gauche qu'une habitude d'abstraction égare, et qu'un élan de passion enivre, s'unissant contre nature, pour lui dissimuler comment son secours assurait le triomphe, à des gens maintenant ses alliés, bientôt ses ennemis.

Plus haut, on voyait le centre droit, noble cohorte, qui après avoir long-temps combattu, et remporté la victoire, ne sait pas prendre repos et se trouble à l'aspect d'un fantôme, se jette dans son effroi, hors de la droite ligne.

Voilà les causes, et voici les effets.

Cette sinistre loi, à raison de l'époque et du mode, à l'aide de la tribune et de la presse, est saisie à titre de conquête, est prônée en façon de trophée, par la faction radicale.

« Certes la royauté, le royalisme ont pris peur ; car autrement ils ne prêteraient pas une telle arme contre eux ; autrement, ils ne chanteraient pas en chorus, l'hymne de leur défaite. »

C'est une concession, une concession forcée, au dire de la faction.

Quel mot !!! s'il est prononcé d'un bord, et s'il n'est pas à l'instant même et non par de vaines paroles, réfuté, refoulé ; c'est le dernier mot.

Il n'importe que la concession ait été faite avec ou sans intention. Les chefs crient, les sectaires croient : et la foi transporte les montagnes, comble les abîmes ; la conviction du succès, porte la certitude du succès.

Nulle espérance, nulle ressource ne restent, on va être pressé coup sur coup, poussé de pas en pas ; et comme en reculant, l'aplomb est mal gardé, au premier assaut, on sera renversé sur l'arène.

A cet égard, les considérations les plus importantes ont été exposées, il y a un an, quand il était temps encore de se retenir sur le bord de l'abîme ; et il y a deux mois, lorsqu'il y avait moyen de ne pas s'avancer dans le sentier de malheur.

Peut-être n'est-il pas inconvenable de les répéter, au moment même où leur vérité commence à être démontrée par les faits, et menace d'apporter pour dernière preuve, la ruine de l'état monarchique, de l'ordre social.

« Les concessions entièrement libres ne perdent jamais ; les concessions absolument forcées ne perdent pas non plus : elles annoncent seulement que tout est perdu.

Entre les uns et les autres, se présentent des concessions de nature délicate, demi-libres, demi-forcées, auxquelles on est amené soit par des craintes légitimes, soit par une peur puérile.

Si la peur commande, on suscite l'audace, l'exigence : *c'est créer le péril.*

Si les craintes déterminent, on gagne du temps, on acquiert des moyens : c'est du moins, assoupir le péril.

Quant à Louis XVI, souvent les conseils de la peur, soufflés par des traîtres, l'ont égaré ; et souvent des flatteurs l'ont induit à mépriser les plus justes craintes.

Deux causes contraires se sont réunies pour le perdre. » (*Un Français aussi au ministère*, mai 1827.)

« Il y a des concessions imposées, des concessions inspirées : celles-là qui sont faites à l'opinion, après que par l'effet du mouvement des esprits ou à la suite des erreurs du pouvoir, elle a acquis de la force, et s'est mise en autorité ; celles-ci qui sont faites à la conscience, après que la règle a cédé la place à l'arbitraire et que la légalité a été violée par la déloyauté.

Les premières altèrent l'ordre des choses, s'in-
gèrent au vague de l'avenir, non sans obstacles et
sans dangers; car à travers le chaos des évène-
mens contingens et le dédale des réactions mu-
tuelles, il n'est point donné au législateur, de prévoir le résultat final de ses actes. *C'est une révolution.*

Les secondes rétablissent l'ordre des choses,
s'appuient sur le sol du passé, avec l'approbation
générale, avec la plus parfaite sécurité. C'est une
restauration....

Aussitôt que la justice aura obtenu les concessions qu'elle réclame, la force se produira d'elle-
même, pour repousser les exigences des factions.

Et les exigences satisfaites, bien loin de tendre
au retour du calme et de l'accord, en premier
lieu, voient la passion de plus en plus emportée,
ne s'arrêter à aucun terme, tant que le triomphe
vient l'y rejoindre et pousser jusqu'à un point, qui
dépasse les limites du possible.

En second lieu, comme elles sont entendues
dans l'intérêt personnel des chefs, tantôt couron-
nant des vœux émis et soutenus par eux, tantôt
les installant dans des places éminentes, elles ont
l'effet certain d'accroître leur renommée et leur
influence, d'élever encore et de consolider leur
puissance sur des sectaires aveuglés.

Si bien que la satisfaction des exigences opère

en sens inverse , des fins qu'on se propose. »
(*Des Concessions*, mars 1828.)

Déja à la tribune législative, sous la forme in-
sidieuse de pétitions, dont l'abus est parvenu à ce
degré d'extravagance, que sur la lecture d'un
chiffon de papier, contre-signé par le premier
venu, s'élèvent les plus délicates discussions et
s'engagent les résolutions les plus capitales ;

Ce ne sont que réclamations au nom de l'armée, laquelle obéissant en silence et n'en ayant
pas même connaissance, enfin sera mise en émoi,
sera induite à prendre fait et cause;

Ce ne sont que déclamations, au sujet des co-
lonies , dont l'organisation est sans doute à mo-
difier, sous les rapports extérieurs et intérieurs,
et dont la fatalité prête à consommer la ruine,
dispense trop la folie de lui prêter aide.

Bientôt, il s'agira du rétablissement de la garde
nationale, de l'expulsion des prêtres surnommés
jésuites, de la destitution des magistrats préten-
dus congréganistes, etc., etc.

Questions de nature diverse, que le devoir, le
besoin obligent le gouvernement à régler avec
maturité, dans la paix des conseils; et que les
éclairs de la parole, en se croisant mutuellement,

représentent sous un faux aspect, laissent recouvertes de ténèbres nouvelles.

D'autre part, les journaux exclusifs et les comités fractionnaires chevauchant les uns par dessus les autres, afin de gagner la tête, se prononcent hautement contre le double vote, qu'il était au moins inconvenable d'établir autrefois, et qu'à cette heure il serait insensé d'abolir ; puis s'expriment à mots couverts, à l'égard de l'âge d'éligibilité et de l'initiative des Chambres, qu'en aucun temps il ne fut et ne sera permis d'adopter, par cela seul qu'on n'a pas le moyen d'en calculer les conséquences.

Et, chose inouïe, qui sort de la constitution, qui ramène à la convention ; la tribune, les journaux et sans doute les comités, concourent à menacer du refus du budget, tantôt la royauté et tantôt la pairie ; au cas que l'une ou l'autre, assez osées pour accomplir leur devoir, assez éclairées pour apprécier leur force, ne voulussent pas ce que l'on veut, ou voulussent ce qu'on ne veut pas.

A la vérité, on doit s'arrêter là : c'est une belle fin. Après de telles conquêtes enlevées sans coup férir, avec une telle arme adaptée à leur défense, il est bien temps de se reposer, de jouir.

Ainsi fera-t-on ! toutefois si la troupe, alors licenciée, opine du bonnet ; c'est-à-dire si les of-

ficiers sont assez fiers de la gloire des généraux
si les soldats sont trop heureux de la fortune des
caporaux.

Car autrement, de peur que le gros de l'armée
ne passe sur le corps, on sera forcé de la mener
en avant, à pas redoublés, et de ravager le sol,
de détruire, de dévorer tout, afin que rien ne
restant à ravir, nul ne soit plus tenté d'envahir.

Il n'y a que folies, que rêveries renouvelées
des temps passés : l'expérience des pères est per-
due pour les enfans; cette épouvantable cascade
de désastres, à partir de 1789 jusqu'en 1795, n'a
point porté la leçon.

Pour nous sauver des fous, pour sauver les
fous d'eux - mêmes, vienne donc l'autorité du
titre et du droit; et même, s'il le faut, l'autorité
de la force, qui jamais ne manqua d'accourir, à
l'appel de la première?

L'ordre rationel a été interverti.

A la chute du ministère frauduleux, il appar-
tenait à l'opinion de se plaindre et d'accuser, de
prendre le rôle de la partie publique, attendu
que les griefs la concernaient, étaient connus
d'elle.

Sur son réquisitoire, l'autorité avait à pronon-
cer quant aux hommes, quant aux choses.

Et certes, il faut déplorer, que fermant les
yeux à propos, en constatant le flagrant délit,

elle n'ait pas reconnu le coupable : car l'impunité prête à la faction hostile, le moyen de troubler les têtes, par les craintes de la récidive ; et dispose à ébrécher les armes remises au gouvernement, de peur que l'arbitraire ne s'en rende maître encore.

La question a été réduite aux choses; à l'égard desquelles, l'autorité qui devait écouter, puis agir, au lieu de prêter l'oreille à l'opinion, s'est laissé forcer la main par l'opinion.

Voilà le mal.

L'opinion si sage, si noble au temps de l'adversité, dans l'enivrement du succès, tourne à l'insanité, à la frénésie; et, comme elle est travaillée par l'esprit de parti, se jette hors de la droite voie, s'emporte au-delà de toute mesure, sans que sa course vagabonde doive rencontrer un terme, subir une pause, sauf au fond de l'abîme.

Mais que l'autorité veuille : cela suffit.

L'autorité semble ignorer combien d'élémens hétérogènes et même antipathiques, sont confondus dans cette masse informe dont l'aspect extérieur glace d'effroi ; comment le cours des faits, le laps du temps, ont détourné la direction qui leur fut imprimée par l'impétuosité du tourbillon.

Encore l'opinion se tient d'aplomb, et garde de l'ensemble, tant que le sentiment de haine qui la rallia, n'est pas satisfait, tant que l'ennemi commun dont les bravades la provoquèrent, n'est pas abattu; ou, pour parler en thèse générale, tant qu'il y a à combattre, à vaincre.

Ce sont ses beaux jours : car à peine s'est-elle vengée, aussitôt qu'il s'agit d'édifier au lieu de renverser, l'opinion tend à se dissoudre, à se résoudre en fractions numériques, en factions politiques.

Et d'autant que les fauteurs les plus audacieux, affichent leurs prétentions, d'autant le grand nombre indolent ou timide, hésite et tremble; invoquant au moins par des vœux tacites, l'intervention protectrice de l'autorité. .

Tel est l'état actuel. La colère, divinité échappée des enfers, dont les autels inexorables appellent trop souvent ses fidèles pour victimes, a vu déserter son culte : les ombres fugitives du passé s'évanouissent devant le spectre menaçant qu'éclaire la lumière du jour. L'épouvante succède au délire.

« Il s'agit bien d'élever, à grands frais, des remparts hérissés de fer, contre un ministre enseveli à mille pieds sous terre; de mettre le baillon et les menottes à des préfets, qui, se mourrant de peur, ont perdu l'usage de la langue et de la plume.

« Il s'agit bien de faire inscrire, par force, ceux-là même qui se pressent sur les listes, de faire biffer, à volonté, ceux qui repoussent une carte trop inutile.

« Apparemment, les formes n'étaient pas si perfides, ou du moins si rigides, puisque la Chambre est venue telle qu'elle est; et peut-être, en les altérant, y aurait-il grand risque, que nous ne revenions plus où nous sommes. »

Ainsi, sur les bancs du centre droit et du centre gauche, s'émeuvent quelques craintes instinctives, s'agitent de noirs pressentimens; bien qu'en détournant le regard et se pinçant les lèvres, il tombe encore de la main, une boule censée blanche, dans l'urne fatale.

Or, il appartient à la pairie, par une résolution décisive, de briser le talisman, de délivrer les volontés mises à la chaîne, de dissiper les ténèbres épandues autour des esprits.

Déja quelle grace ne faut-il pas lui rendre, quelle leçon n'a-t-elle pas donnée et reçue en même temps, lorsque, par un mouvement qu'inspira le sentiment, qu'accueillit la raison, une commission est venue en son nom et d'après son aveu, proposer le rejet d'une de ces propositions que jette la pétulance ou dont s'empare la vanité (1).

---

(1) Encore la Chambre était-elle en droit, attendu qu'elle était seule en pouvoir, de rappeler la question de la réélection

Mais qui donc s'en est offensé ? qui donc s'est élevé contre ?

Ce fut comme la voix d'en haut, alors qu'elle daigne se faire entendre au milieu de la tourbe des pécheurs, dont à l'instant même et sans résistance, sans réflexion, les uns sont pénétrés de repentir, et les autres sont du moins atteints de honte et de crainte.

Merveilleux effet, mémorable exemple, qui ouvrent la route, qui montrent le but.

La loi sur la révision des listes appelle la Chambre haute à un nouveau triomphe, à un triomphe supérieur ; attendu que cette loi a excité des inquiétudes plus vives, et que le temps dispose de mieux en mieux, les têtes.

Deux mois font l'office d'un siècle : il y a un siècle, depuis le jour de la lecture, où elle fut trop généralement approuvée ; il y a bientôt un demi-siècle, depuis le jour du scrutin, où un grand nombre de votes attestaient moins l'assentiment réel, qu'un morne entêtement.

------

des députés : problème variable et équivoque, dont, par l'effet d'un sort trop commun, la solution fut repoussée à l'aide du scrutin, alors qu'elle était prescrite au sein des consciences ; et sera adoptée ensuite, par cela même qu'elle devient superflue, malgré qu'elle soit nuisible sans doute. (*Des Concessions*, page 17)

Et ne sait-on pas comment, à l'égard des choses ainsi que des hommes, un échec, un revers
les exposent sous un jour défavorable, détachent
aux regards surpris, tous leurs défauts?

Ne sait-on pas combien il est de personnages,
même sur les fleurs-de-lis, dont l'opinion errante
attend un guide, dont le caractère faible attend un
appui ?

Peut-être, à cette occasion même, doit-il s'o-
pérer dans la majorité dominante, une dislocation
propice, une émigration honorable, dont le vœu,
le besoin couvent au sein de tant d'ames hon-
nêtes, et dont l'époque est chaque jour remise au
jour le plus prochain.

Car, bien que les regrets et les craintes tra-
vaillent incessamment à ramener la volonté vers
de meilleures voies, encore faut-il, pour rompre
les habitudes, pour changer la conduite, quelque
soudaine et puissante circonstance.

Comme par un miracle, la pairie se relèverait
d'une terrible atteinte, la pairie rentrerait dans
son glorieux renom, dans son ascendant tutélaire ;

En protégeant et favorisant le grand travail de
l'épuration, dans cette aggrégation factice, dont
les deux tiers environ sont enrôlés sous des chefs
étrangers et combattent contre leurs propres
drapeaux ;

En corrigeant et redressant le cours funeste des choses ; tellement qu'au moyen de ses refus successifs , il ne fut porté aucune loi fondamentale, dans cette session critique où les esprits troublés et frappés, sont hors d'état de savoir ce qu'ils font aujourd'hui, de prévoir ce qu'ils voudront demain.

A. PIHAN DELAFOREST,

Imprimeur de Monsieur le Dauphin et de la Cour de Cassation,

rue des Noyers, n° 37.

www.ingramcontent.com/pod-product-compliance
Lightning Source LLC
Chambersburg PA
CBHW071434030726
47594CB00006B/2730